AF221710

Impressum
Verlag: BABADADA GmbH, Nedderfeld 112 , 22529 Hamburg
Geschäftsführer / Verlagsleitung: Harald Hof
Druck: Books on Demand GmbH, In de Tarpen 42, 22848 Norderstedt

Imprint
Publisher: BABADADA GmbH, Nedderfeld 112 , 22529 Hamburg, Germany
Managing Director / Publishing direction: Harald Hof
Print: Books on Demand GmbH, In de Tarpen 42, 22848 Norderstedt

école

مکتب

salle de classe
صنف درسی
diviser
تقسیم کردن
186/2
cour (de récréation)
tableau noir
تخته
professeur
معلم
papier
کاغذ
écrire
نوشتن
stylo
خودکار
bureau
میز کار
règle
خط کش
livre
کتاب
élève
شاگرد

cartable
بیگ مکتب

trousse
قلم دانی

crayon
پنسل

taille-crayon
پنسل تراش

gomme
پنسل پاک

carnet à dessin
کتابچه رسم

dessin

نقاشی

pinceau

برس رنگ زنی

boîte de peinture

بکسک رنگه

ciseaux

قیچی

colle

سریش

cahier d'exercices

کتاب تمرین

devoirs

کار خانگی

chiffre

عدد

additionner

جمع کردن

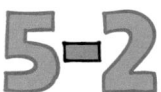

soustraire

تفریق کردن

multiplier

ضرب کردن

calculer

حساب کردن

lettre

حرف

alphabet

الفبا

mot

کلمه

texte

متن

lire

خواندن

craie

تباشیر

leçon

درس

livre de classe

ثبت نام

examen

امتحان

certificat

تصدیقنامه

uniforme scolaire

یونیفورم مکتب

formation

تحصیل

lexique

دانشنامه

université

پوهنتون

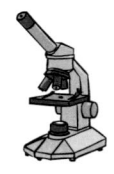

microscope

مایکروسکوپ

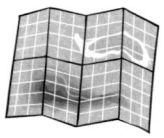

carte

نقشه

corbeille à papier

سبد کاغذ باطله

hôtel
هوتل
auberge
لیلیه
bureau de change
دفتر صرافی
valise
بیگ سفری
voiture
موتر

langue

زبان

oui / non

بلی / نخیر

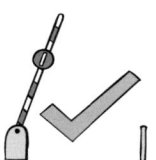

d'accord

بسیار خوب

Salut

سلام

interprète

مترجم

merci

تشکر از شما

Combien coûte...?

قیمتش چقدر است؟

Je ne comprends pas

نمی فهمم

problème

مشکل

Bonsoir !

عصر بخیر! / شب بخیر!

Bonjour !

صبح بخیر!

Bonne nuit !

شب بخیر!

Au revoir

خداحافظ

direction

مسیر

bagages

بار مسافر

sac

بیگ

sac-à-dos

بیگ پشتکی

hôte

مهمان

pièce

اطاق

sac de couchage

بستره خواب سیار

tente

خیمه

office de tourisme

معلومات توریستی

plage

ساحل

carte de crédit

کریدیت کارت

petit-déjeuner

صبحانه

déjeuner

طعام چاشت

dîner

غذای شام

billet

تکت

ascenseur

لفت

timbre

مهر

frontière

مرز

douane

گمرک

ambassade

سفارتخانه

visa

ویزه

passeport

پاسپورت

transport

حمل و نقل

avion
طیاره
navire
کشتی
véhicule de pompiers
موتر اطفاییه
camion
لاری
bus
بس
bateau à moteur
قایق موتوری
bicyclette
بایسکل
voiture
موتر

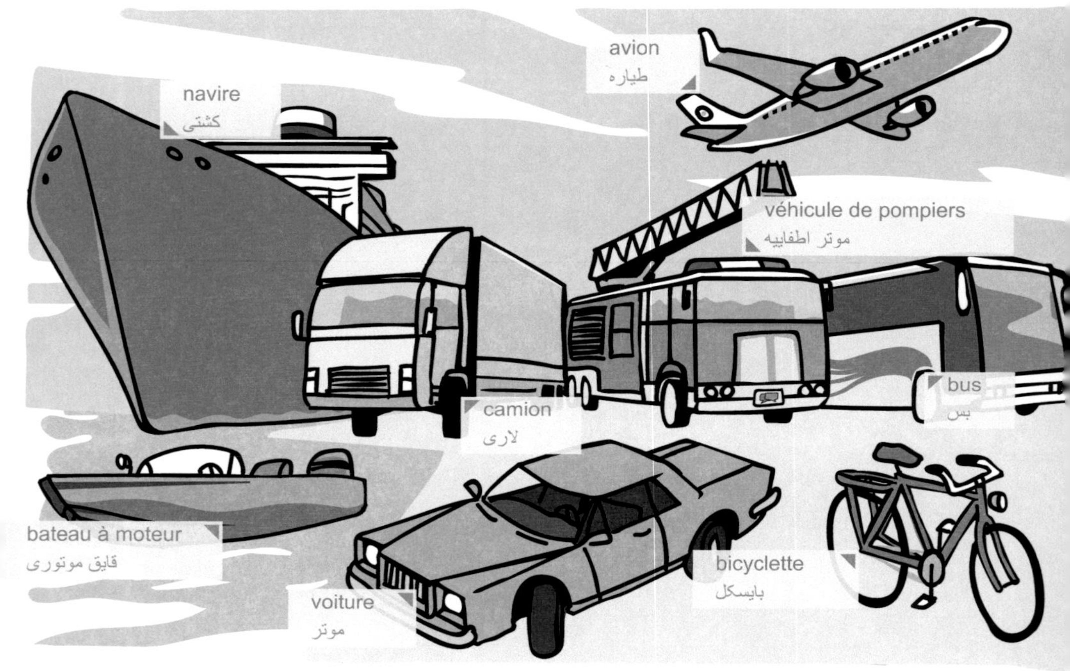

ferry

کشتی

barque

قایق

moto

موترسایکل

voiture de police

موتر پولیس

voiture de course

موتر مسابقه

voiture de location

موتر کرایی

auto-partage

اشتراک وسایط

voiture de remorquage

جرثقیل

benne à ordures

موتر حمل زباله

moteur

موتور

essence

تیل

station d'essence

تانک تیل

panneau indicateur

علامت ترافیکی

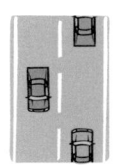

trafic

عبور و مرور

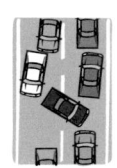

embouteillage

راهبندان

parking

پارک وسایط

gare

ایستگاه ریل

rails

خط ریل

train

ریل

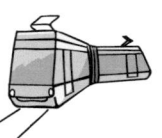

tramway

ریل برقی

wagon

واگن

hélicoptère

هلیکوپتر

aéroport

میدان هوایی

tour

برج

passager

مسافر

conteneur

کانتینر

carton

کارتن

chariot

گادی

corbeille

سبد

décoller / atterrir

پرواز کردن / فرود آمدن

ville

شهر

village

قریه

centre-ville

تیاتر شهر

maison

خانه

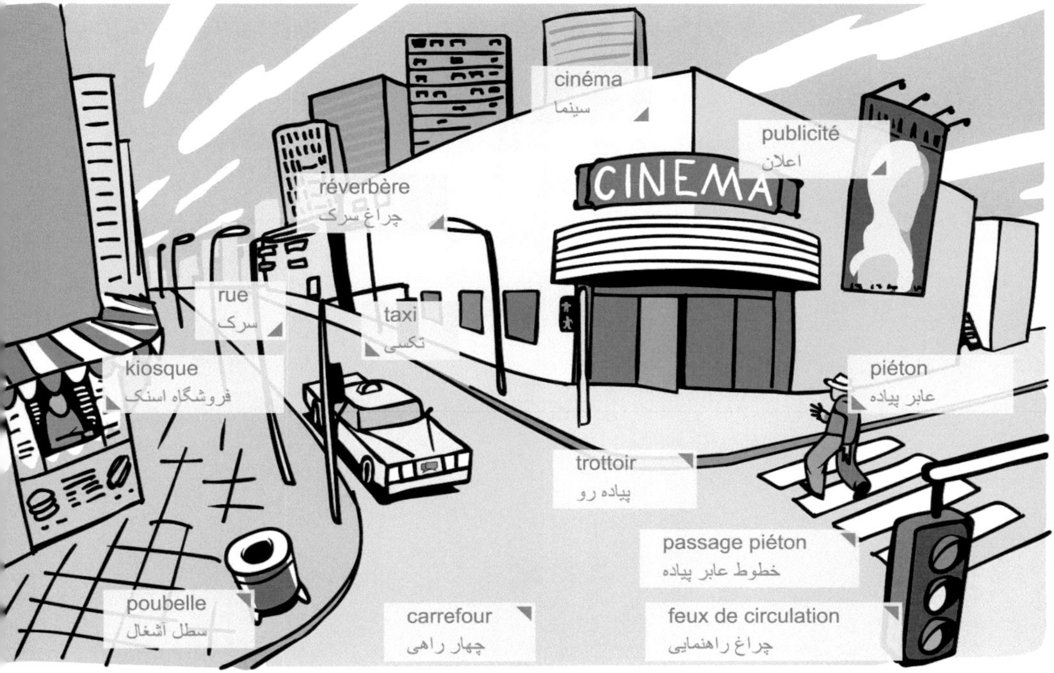

cinéma
سینما

publicité
اعلان

réverbère
چراغ سرک

rue
سرک

taxi
تکسی

CINEMA

kiosque
فروشگاه اسنک

piéton
عابر پیاده

trottoir
پیاده رو

passage piéton
خطوط عابر پیاده

poubelle
سطل آشغال

carrefour
چهار راهی

feux de circulation
چراغ راهنمایی

cabane

كلبه

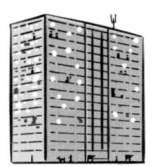

appartement

آپارتمان

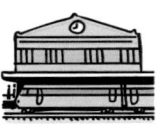

gare

ایستگاه ریل

mairie

تالار شهر

musée

موزیم

école

مکتب

université

پوهنتون

banque

بانک

hôpital

شفاخانه

hôtel

هوتل

pharmacie

دواخانه

bureau

دفتر

librairie

کتابفروشی

magasin

مغازه

fleuriste

گل فروشی

supermarché

سوپر مارکیت

marché

فروشگاه

grand magasin

فروشگاه

poissonnerie

ماهی فروشی

centre commercial

مرکز خرید

port

بندر

parc

پارک

banque

دراز چوکی

pont

پل

escaliers

زینه ها

métro

مترو

tunnel

تونل

arrêt de bus

ایستگاه بس

bar

میخانه

restaurant

رستورانت

boîte à lettres

صندوق پست

panneau indicateur

علامت سرک

parcmètre

ماشین پارکو متر

zoo

باغ وحش

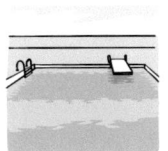

piscine

حوض آببازی

mosquée

مسجد

ferme

مزرعه

pollution

آلوده گی

cimetière

قبرستان

église

کلیسا

aire de jeux

میدان بازی

temple

معبد

paysage

چشم انداز

feuille
برگ

panneau indicateur
لوحه

chemin
راه

pré
علفزار

pierre
سنگ

arbre
درخت

randonneur
کوهنورد

rivière
دریا

herbe
علف

fleur
گل

vallée

دره

montagne

تپه

lac

دریاچه

forêt

جنگل

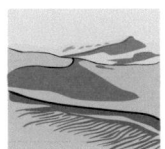

désert

صحرا

volcan

آتشفشان

château

قلعه

arc-en-ciel

رنگین کمان

champignon

سمارق

palmier

درخت آلو

moustique

پشه

mouche

مگس

fourmis

مورچه

abeille

زنبور

araignée

عنکبوت

coléoptère

قانغوزک

grenouille

بقه

écureuil

موش خرما

hérisson

خارپشت

lièvre

خرگوش صحرایی

chouette

بوم

oiseau

پرنده

cygne

مرغابی

sanglier

خوک وحشی

cerf

گوزن

élan

گوزن شمالی

barrage

بند آب

éolienne

توربین بادی

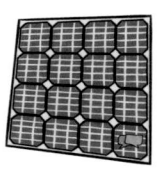

panneau solaire

صفحه خورشیدی

climat

آب و هوا

restaurant

رستورانت

serveur
پیشخدمت
menu
مینوی غذا
chaise
چوکی
soupe
سوپ
pizza
پیتزا
couverts
قاشق و پنجه و کارد
nappe
روی میزی

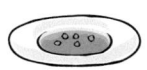

hors d'œuvre

پیش غذا

plat principal

غذای اصلی

dessert

شرینی

boissons

نوشیدنی ها

alimentation

غذا

bouteille

بوتل

fast-food

فاست فود

plats à emporter

غذای کنار سرک

théière

چاینک/ترموز

sucrier

قندانی

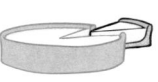

portion

بخش غذا

machine à expresso

دستگاه اسپرسو

chaise haute

چوکی بلند

facture

بل

plateau

پطنوس

couteau

چاقو

fourchette

پنجه

cuillère

قاشق

cuillère à thé

قاشق چای خوری

serviette

دستپاک دسترخوان یا میز

verre

گیلاس

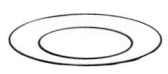

assiette

بشقاب

assiette à soupe

بشقاب سوپ

soucoupe

نعلبکی

sauce

چتنی

salière

نمکدان

moulin à poivre

آسیاب مرچ

vinaigre

سرکه

huile

روغن خوراکی

épices

ادویه

ketchup

کچاپ

moutarde

ساس خردل

mayonnaise

مایونز

supermarché
سوپر مارکیت

offre promotionnelle
پیشنهاد خاص
FOR
client
مشتری
produits laitiers
لبنیات
fruits
میوه
chariot
چرخ دستی

boucherie

قصابی

boulangerie

نانوایی

peser

وزن کردن

légumes

سبزیجات

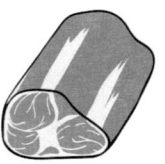

viande

گوشت

aliments surgelés

غذای منجمد

charcuterie

غذای سرد

conserves

غذای کنسر شده

poudre à lessive

پودر رختشویی

bonbons

شیرینی

articles ménagers

لوازم خانگی

détergents

محصولات پاک کننده

vendeuse

فروشنده

caisse

دخل پیسه

caissier

صندوقدار

liste d'achats

لست خرید

heures d'ouverture

ساعات کاری

portefeuille

بکسک جیبی

carte de crédit

کریدیت کارت

sac

بیگ

sac en plastique

بیگ پلاستیکی

boissons

نوشیدنی ها

eau

آب

jus de fruit

جوس

lait

شیر

coca

نوشابه

vin

شراب

bière

بیر

alcool

الکول

chocolat chaud

ککو

thé

چای

café

قهوه

expresso

اسپرسو

cappuccino

کاپوچینو

alimentation

غذا

banane

کیله

pomme

سیب

orange

مالته

melon

تربوز

citron

لیمو

carotte

زردگ

ail

سیر

bambou

چوب خیزران

oignon

پیاز

champignon

سمارق

noisettes

مغزیات

pâtes

آش

spaghetti

مکرونی

riz

برنج

salade

سلاد

pommes frites

چیپس

pommes de terre rôties

کچالو سرخ کرده

pizza

پیتزا

hamburger

همبرگر

sandwich

ساندویچ

escalope

کتلت

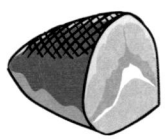

jambon

همبرگر

salami

سالامی

saucisse

ساسج

poulet

مرغ

rôti

کباب

poisson

ماهی

flocons d'avoine

فرنی جو

muesli

صبحانه رژیمی

cornflakes

کورن فلکس

farine

آرد

croissant

کروسانت

petits-pains

قرص نان

pain

نان خشک

pain grillé

توست / نان بریان

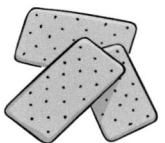

biscuits

بیسکیت

beurre

مسکه

le fromage blanc

چکه

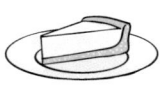

gâteau

کیک

œuf

تخم مرغ

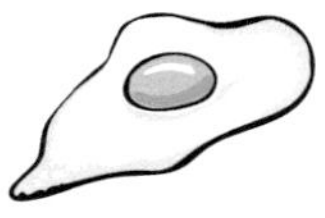

œuf au plat

تخم مرغ سرخ شده

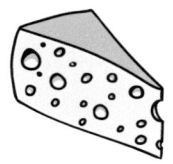

fromage

پنیر

glace

آیسکریم

sucre

شکر

miel

عسل

confiture

مربا

crème nougat

مسکه چاکلیت

curry

زردچوبه هندی

ferme
مزرعه

grange
گودام غله
botte de paille
خرمن گاه
champ
زمین زراعتی
cheval
اسب
remorque
تریلر
tracteur
تراکتور
poulain
کره اسب
âne
خر
mouton
گوسفند
agneau
بره

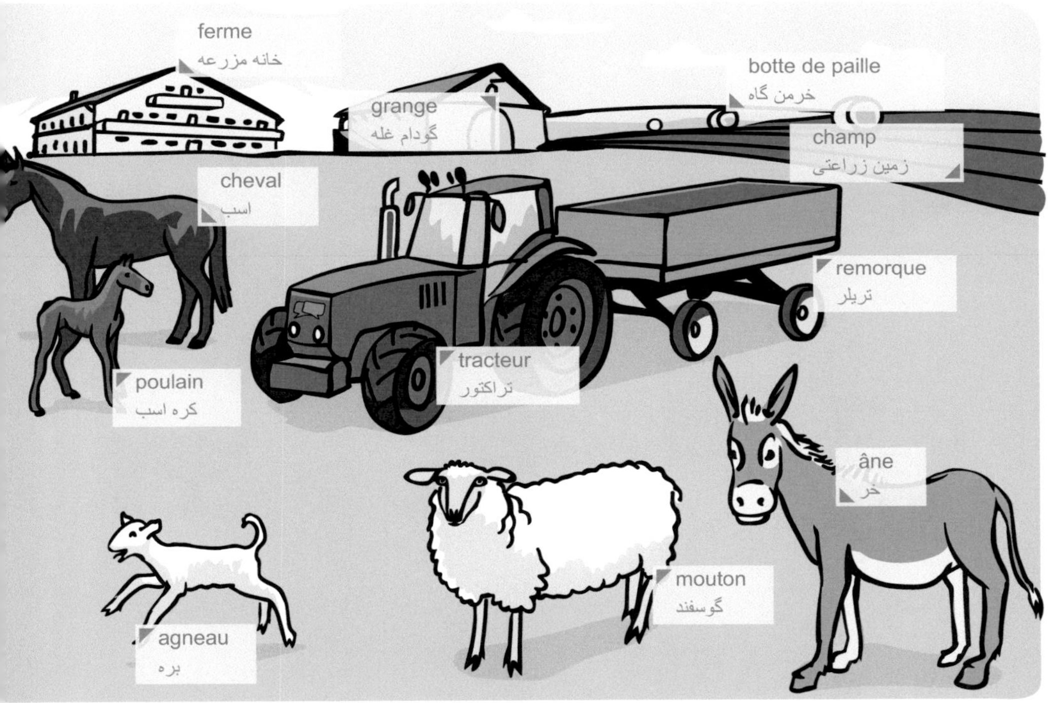

chèvre

بز

vache

گاو

veau

گوساله

porc

خوک

porcelet

خوکچه

taureau

گاو نر

oie

قاز

canard

مرغابی

poussin

چوچه مرغ

poule

مرغ

coq

خروس

rat

موش صحرایی

chat

پیشک

souris

موش

bœuf

گاومیش

chien

سگ

chenil

خانه سگ

tuyau de jardin

خانه باغ

arrosoir

آبپاش

faucheuse

داس

charrue

قولبه کردن

ferme - مزرعه

faucille

داس

pioche

کج بیل

fourche

چنگال باغبانی

hache

تبر

brouette

کراچی

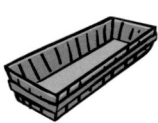

cuve

تغار

pot à lait

قوطی شیر

sac

بوجی

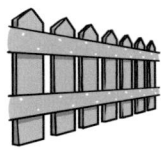

clôture

دیوار مرزی از چوب یا سیم خار دار

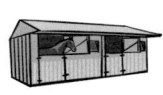

étable

پایدار

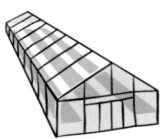

serre

گلخانه

sol

خاک

semences

تخم

engrais

کود

moissonneuse-batteuse

ماشین درو وخرمنکوبی

récolter

درو کردن

récolte

درو

igname

کچالو شرین

blé

گندم

soja

سویا

pomme de terre

کچالو

maïs

جواری

colza

کلزا

arbre fruitier

درخت میوه

manioc

مانیوک

céréales

غلات و حبوبات

maison

خانه

cheminée
دودکش
toit
پشت بام
gouttière
آب رو
fenêtre
کلکین
garage
گراج
sonnette
زنگ دروازه
porte
دروازه
poubelle
سطل زباله
boîte aux lettres
صندوق نامه
jardin
باغچه

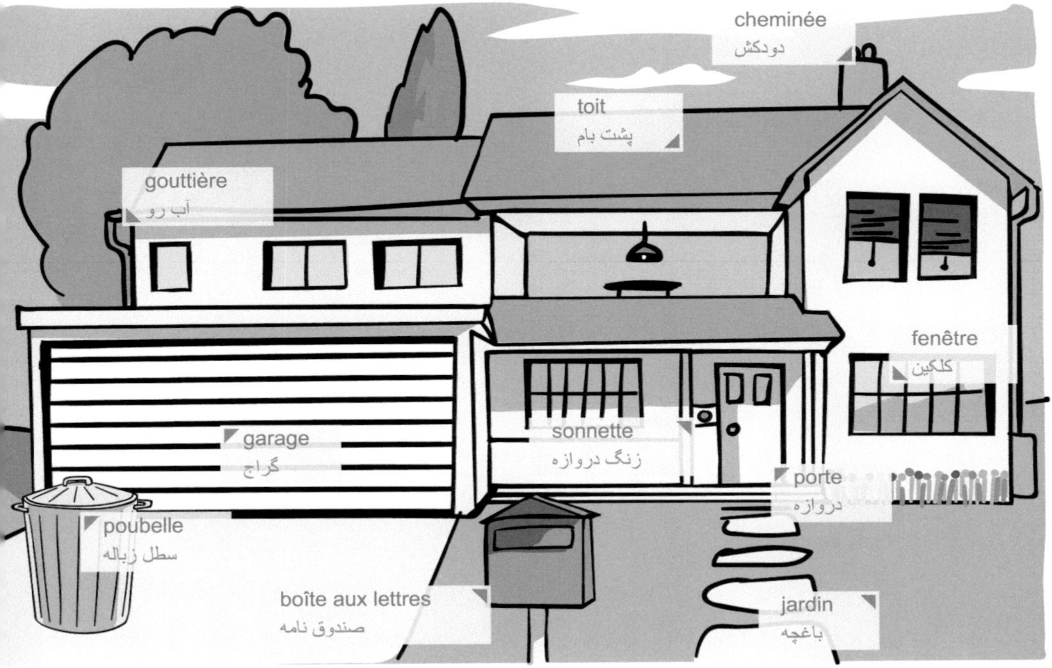

salon

اطاق نشیمن

salle de bain

حمام / دستشویی

cuisine

آشپزخانه

chambre à coucher

اطاق خواب

chambre d'enfant

اطاق اطفال

salle à manger

اطاق پذیرایی

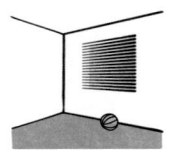

sol

كف زمین

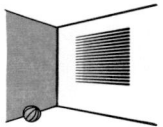

mur

دیوار

plafond

سقف

cave

گودام زیر زمینی

sauna

سونا

balcon

بالکن

terrasse

برنده / بالکن

piscine

حوض

tondeuse à gazon

ماشین درو کردن چمن

housse

ورق کاغذ

couette

روجایی

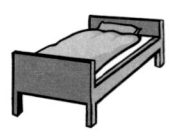

lit

تختخواب

balai

جارو

sceau

سطل

interrupteur

سویچ

salon

اطاق نشیمن

papier peint
کاغذ دیواری
image
تصویر
lampe
چراغ
étagère
قفسه
armoire
کابینت
télé
تلویزیون
cheminée
بخاری دیواری
fleur
گل
coussin
بالشت
sofa
کوچ
vase
گلدان
télécommande
ریموت کنترول

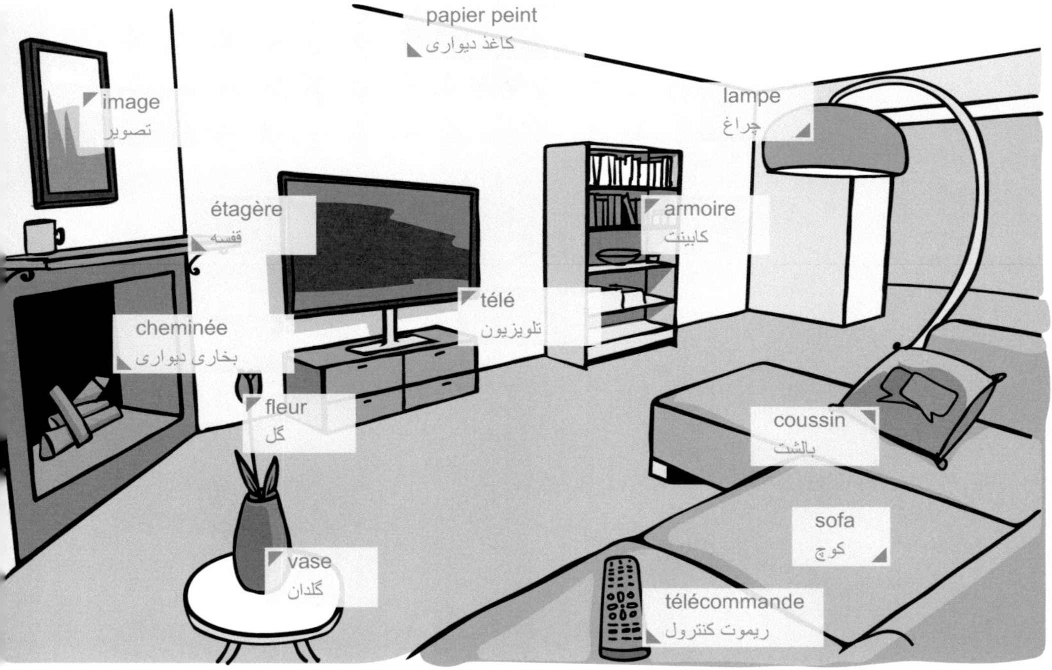

tapis

فرش

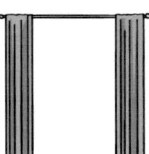

rideau

پرده

table

میز

chaise

چوکی

chaise à bascule

چوکی گهواره یی

fauteuil

چوکی دسته دار

livre

کتاب

couverture

کمپل

décoration

دکوراسیون

bois de chauffage

هیزم

film

فلم

chaîne hi-fi

سیستم های فای

clé

کلید

journal

روزنامه

peinture

تابلوی نقاشی

poster

پوستر

radio

رادیو

bloc-notes

دفتر

aspirateur

جاروبرقی

cactus

کاکتوس

bougie

شمع

cuisine
آشپزخانه

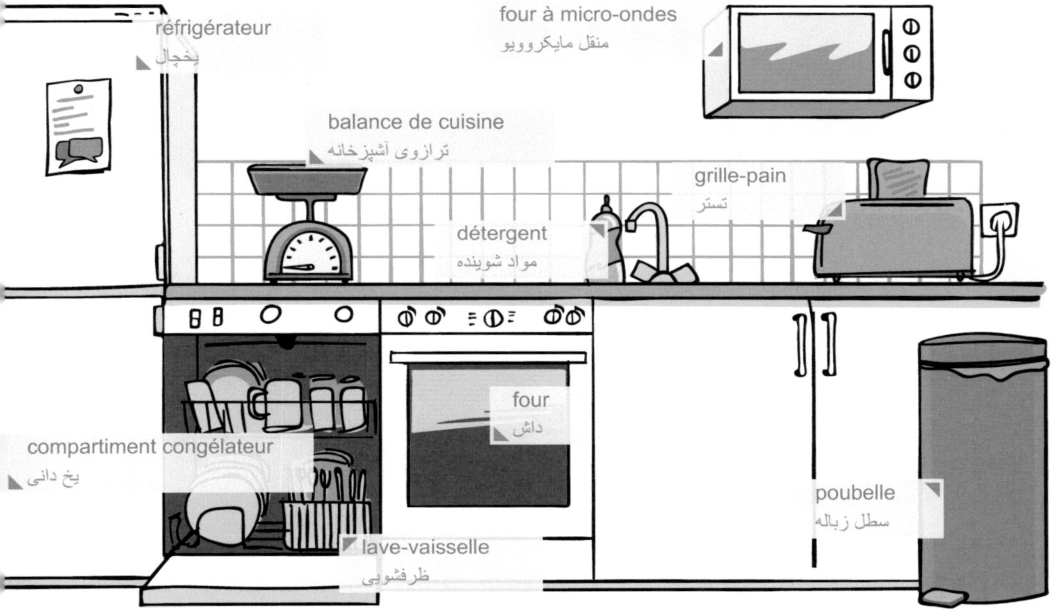
réfrigérateur
یخچال
four à micro-ondes
منقل مایکروویو
balance de cuisine
ترازوی آشپزخانه
grille-pain
تستر
détergent
مواد شوینده
four
داش
compartiment congélateur
یخ دانی
poubelle
سطل زباله
lave-vaisselle
ظرفشویی

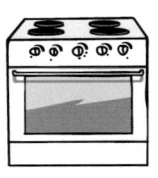

four
منقل

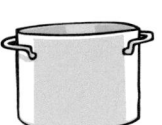

casserole
دیگ

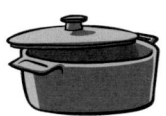

marmite
دیگ چدنی

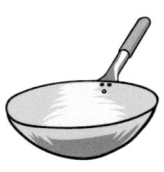

wok / kadai
کراهی

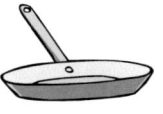

poêle
تابه

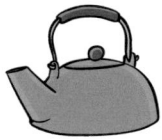

bouilloire electrique
چای جوش

cuiseur vapeur

بخارپز

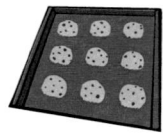

plaque de cuisson

پطنوس طباخی

vaisselle

ظروف

gobelet

پیاله کلان

coupe

کاسه

baguettes

چاپستیک ها

louche

ملاقه

spatule

کفگیر

fouet

مخلوط کننده

passoire

چلو صاف

tamis

غلبیل

râpe

رنده

mortier

هاونگ

barbecue

بار بیکیو

cheminée

اتش باز

planche à découper

تخته برش

rouleau à pâtisserie

آشگز

tire-bouchon

سر بازکن

boîte

قوطی

ouvre-boîte

سر باز کن

maniques

دستگیره تکه ای

lavabo

ظرف شویی

brosse

برس ظرف شویی

éponge

اسفنج

mixeur

مخلوط کن

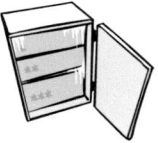

congélateur

فریزر

biberon

شیر چوشک اطفال

robinet

نل آب

salle de bain
حمام / دستشویی

chauffage
گرم کننده
douche
شاور
serviette
جان پاک
rideau de douche
bain moussant
حمام کف
baignoire
تب حمام
verre
گیلاس
machine à laver
ماشین لباسشویی
robinet
نل آب
carrelage
کاشی
pot
پات اطفال
lavabo
ظرف شویی

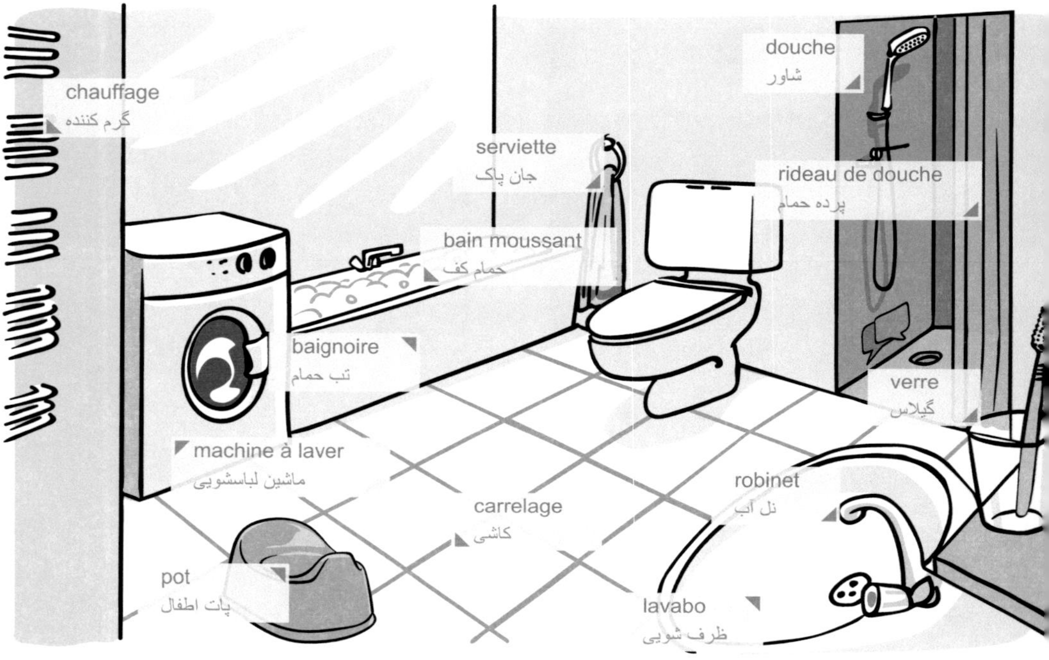

toilettes
تشناب

toilette à la turque
کمود فرشی

bidet
کمود

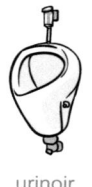

urinoir
تشناب مرد ها

papier toilette
کاغذ تشناب

brosse à toilette
برس کمود

brosse à dents

برس دندان

dentifrice

کریم دندان

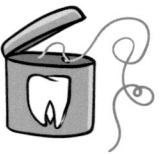

fil dentaire

نخ دندان

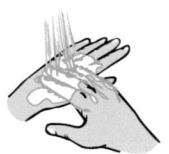

laver

شستن

douche manuelle

شاور دستی

douche intime

شاور کمود

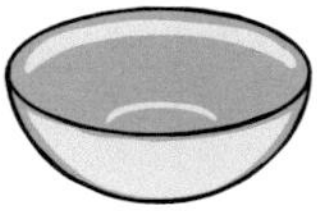

vasque

دستشویی

brosse dorsale

برس پشت

savon

صابون

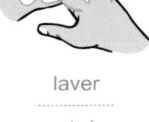

gel douche

جل حمام

shampooing

شامپو

gant de toilette

لیف

écoulement

آب رو

crème

کریم

déodorant

بوزدا

miroir

آینه

miroir cosmétique

آینه دستی

rasoir

ریش تراش

mousse à raser

کف ریش تراشی

après-rasage

کلونیا

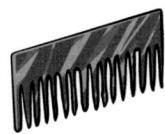

peigne

شانه موی

brosse

برس

sèche-cheveux

سشوار

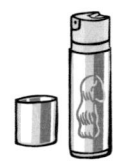

laque pour cheveux

اسپری مو

fond de teint

آرایش

rouge à lèvres

لب سرین

vernis à ongles

رنگ ناخن

ouate

پشم پنبه

coupe-ongles

ناخن گیر

parfum

عطر

trousse de toilette

کیسه شستشو

tabouret

چوکی چار پایه

pèse-personne

ترازوی وزن

peignoir

جان پاک

gants de nettoyage

دستکش پلاستیکی

tampon

تامپون

serviettes hygiéniques

کوتکس

toilette chimique

تشناب سیار

chambre d'enfant

اطاق اطفال

réveil
ساعت زنگ دار
doudou
گدی های نرم
voiture jouet
موتر سامان بازی
hochet
جرنگانه
maison de poupée
خانه گدی
cadeau
هدیه

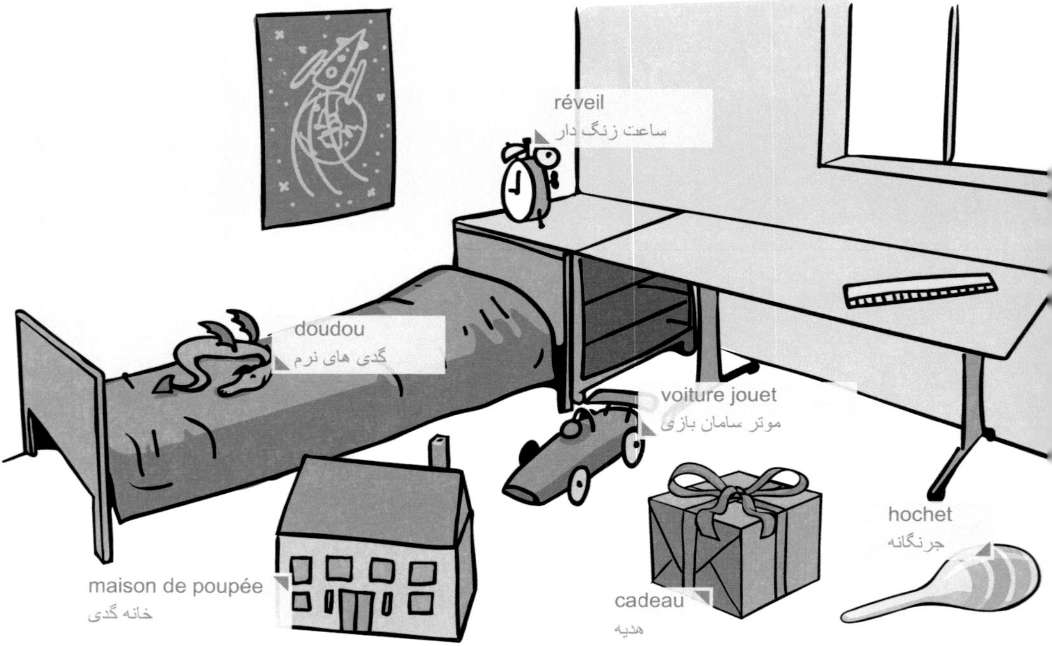

ballon

پوقانه

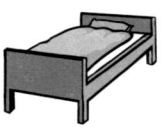

lit

تختخواب

poussette

ریکشه اطفال

jeu de cartes

قطعه بازی

puzzle

پازل

bande dessinée

خنده آور

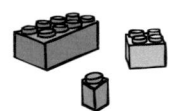

pièces lego

خشت های لگو

blocs de construction

بلوک های سامان بازی

figurine

پچه قلم

grenouillère

لباس طفل

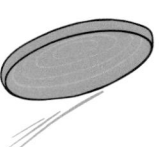

frisbee

فریزبی

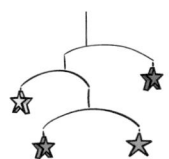

mobile

سامان بازی که روی تخت خواب اطفال
اویزان می شود

jeu de société

بازی تخته یی

dé

تاس

train miniature

ریل اسباب بازی

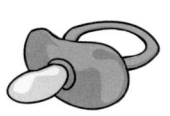

sucette

چوشک

fête

مهمانی

livre d'images

کتاب تصویری

balle

توپ

poupée

گدیگک

jouer

بازی کردن

bac à sable

جعبه ریگ

balançoire

گاز

jouets

اسباب بازی

console de jeu

کنسول بازی کمپیوتری

tricycle

سه چرخه

ours en peluche

خرس سامان بازی

armoire

الماری لباس

vêtements

لباس

chaussettes

جوراب

bas

جوراب دراز

collant

برجس

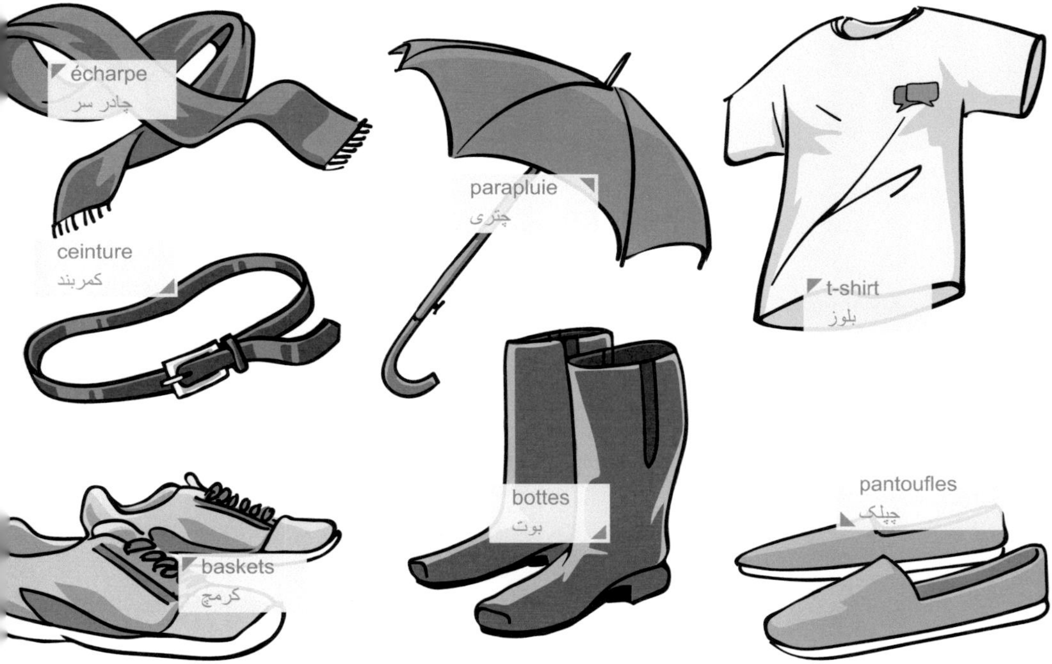

écharpe
چادر سر

ceinture
کمربند

parapluie
چتری

t-shirt
بلوز

bottes
بوت

pantoufles
چپلک

baskets
کرمچ

sandales
....
چپلی

chaussures
....
بوت

bottes de caoutchouc
....
موزه پلاستیکی

sous-vêtements
....
نیکر

soutien-gorge
....
واسکت زنانه

maillot de corps
....
واسکت

body

بدن

pantalon

برزو

jean

پتلون کاوبای

jupe

دامن

chemisier

بلوز

chemise

پیراهن

pull

یالان

sweat à capuche

جاکت کلاه دار

veste

جاکت

veste

چمپر

manteau

کورتی

imperméable

کوت بارانی

costume

لباس مخصوص مراسم

robe

پیراهن

robe de mariée

لباس عروسی

costume

دریشی

chemise de nuit

لباس خواب

pyjama

پاجامه

sari

ساری

foulard

چادر سر

turban

لنگی

burqa

چادری

caftan

کفتان

abaya

چادر

maillot de bain

لباس آببازی

maillot de bain

نیکر پاچه دار

short

پتلون نصفه

tenue d'entraînement

لباس ورزشی

tablier

پیش بند

gants

دستکش

bouton

دکمه

lunettes

عینک

bracelet

دستبند

collier

گردن بند

bague

انگشتر

boucle d'oreille

گوشواره

bonnet

کلاه پیک دار

cintre

کوت بند

chapeau

کلاه

cravate

نیکتایی

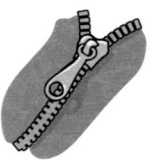

fermeture éclair

زیپ

casque

کلاه مصون

bretelles

بند تنبان

uniforme scolaire

یونیفورم مکتب

uniforme

یونیفورم

bavoir

پیش بند

sucette

چوشک

lange

پمپر

bureau

دفتر

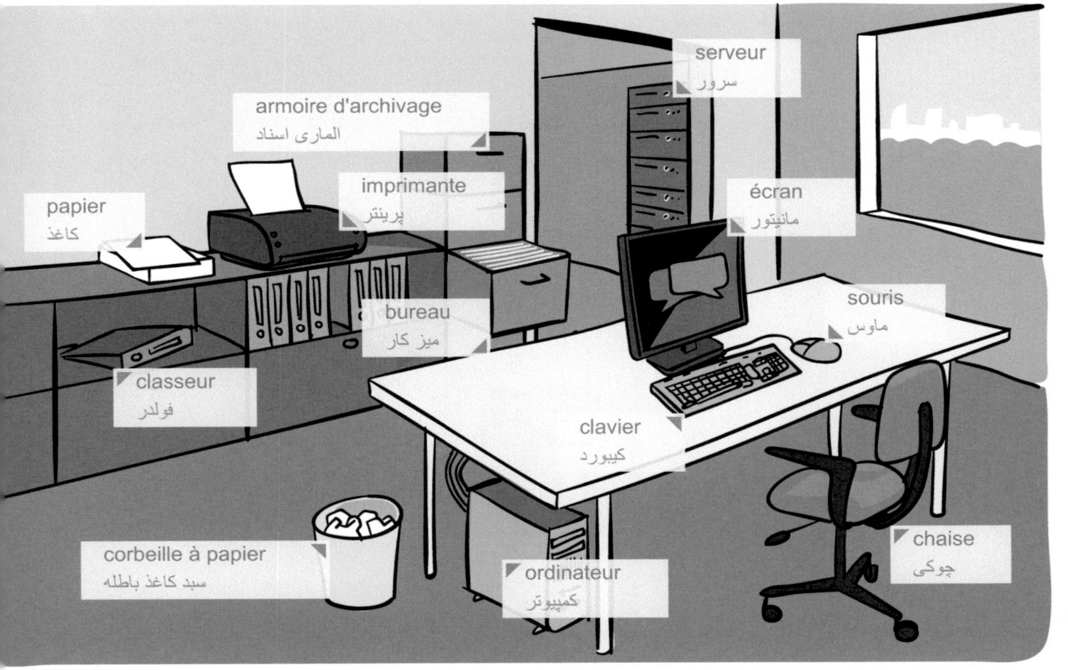

serveur

سرور

armoire d'archivage

الماری اسناد

imprimante

پرینتر

écran

مانیتور

papier

کاغذ

bureau

میز کار

souris

ماوس

classeur

فولدر

clavier

کیبورد

chaise

چوکی

corbeille à papier

سبد کاغذ باطله

ordinateur

کمپیوتر

tasse de café

گیلاس قهوه

calculatrice

ماشین حساب

internet

اینترنت

ordinateur portable

لپ تاپ

lettre

نامه

message

پیام

portable

موبایل

réseau

شبکه

photocopieuse

ماشین فوتوکاپی

logiciel

نرم افزار

téléphone

تلیفون

prise

پلک

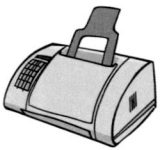

fax

دستگاه فکس

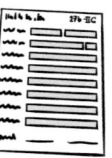

formulaire

فورمه

document

سند

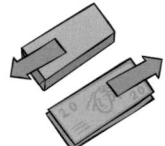

acheter

خرید کردن

payer

پرداختن

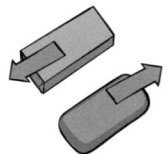

faire du commerce

تجارت کردن

monnaie

پول

dollar

دالر

euro

یورو

yen

ین

rouble

روبل

franc suisse

فرانک سوئیس

renminbi yuan

یوان رنمینبی

roupie

روپیه

distributeur automatique

خودپرداز

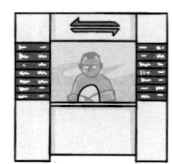

bureau de change

دفتر صرافى

or

طلا

argent

نقره

pétrole

نفت

énergie

انرژى

prix

قيمت

contrat

قرارداد

taxe

ماليات

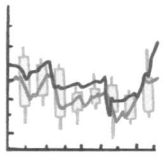

action

سهام

travailler

كار كردن

employé

كارمند

employeur

استخدام كننده

usine

فابريكه

magasin

مغازه

professions
شغل ها

agent de police
افسر پولیس
pompier
آتش نشان
cuisinier
آشپز
médecin
داکتر
pilote
پیلوت

jardinier

باغبان

menuisier

نجار

couturière

خیاط

juge

قاضی

chimiste

کیمیا دان

acteur

بازیگر

conducteur de bus

راننده بس

chauffeur de taxi

راننده تکسی

pêcheur

ماهیگیر

femme de ménage

خدمه

couvreur

سقف ساز

serveur

پیشخدمت

chasseur

شکارچی

peintre

نقاش

boulanger

نانوا

électricien

برقی

ouvrier

بنا

ingénieur

انجنیر

boucher

قصاب

plombier

نلدوان

facteur

پستچی

soldat

سرباز

architecte

معمار

caissier

صندوقدار

fleuriste

گل فروش

coiffeur

آرایشگر

contrôleur

مامور تکت ریل

mécanicien

میخانیک

capitaine

کاپیتان

dentiste

داکتر دندان

scientifique

دانشمند

rabbin

خاخام/ عالم یهودی

imam

امام

moine

راهب

prêtre

ملا

outils
ابزار

marteau
چکش
pinces
پلاس
tournevis
پیچ کش
clé
رینچ
torche
چراغ دستی

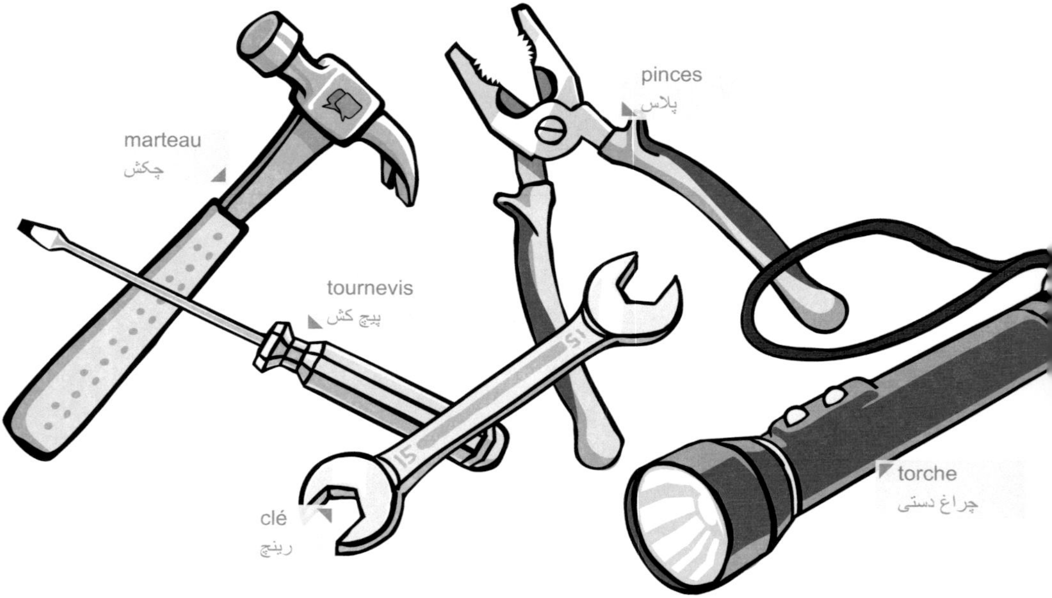

pelleteuse
ماشین حفاری

boîte à outils
جعبه ابزار

échelle
زینه

scie
اره

clous
میخ

perceuse
برمه

réparer

ترمیم کردن

pelle

بیل

Mince !

لعنتی!

pelle

خاکروبه

pot de peinture

سطل رنگ

vis

پیچ

instruments de musique

آلات موسیقی

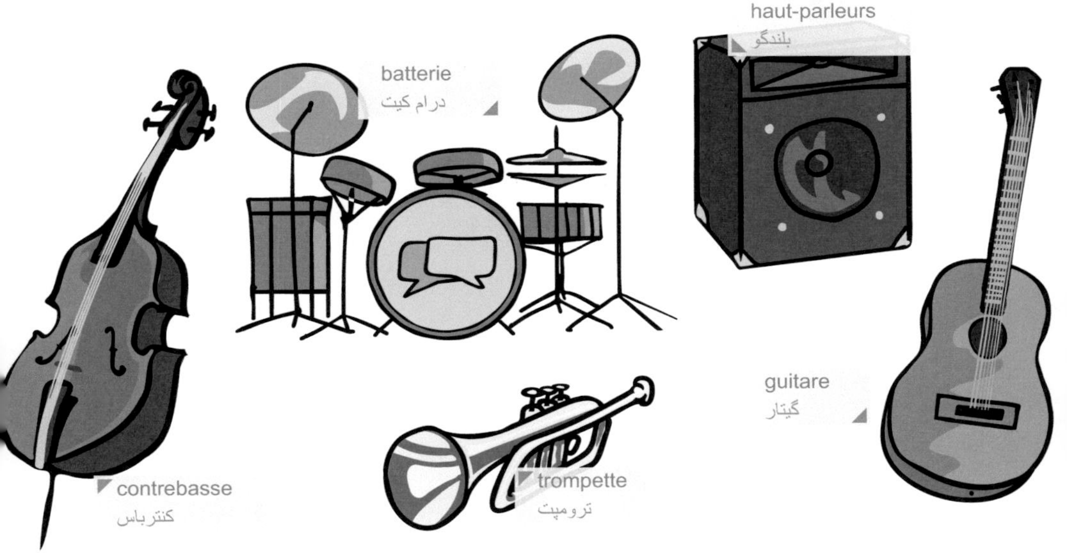

haut-parleurs

بلندگو

batterie

درام کیت

contrebasse

کنترباس

trompette

ترومپت

guitare

گیتار

piano

پیانو

violon

وایلن

basse

گیتار بیس

timbales

دهل

tambour

دول

piano électrique

پیانوی برقی

saxophone

ساکسوفون

flûte

توله

microphone

میکروفون

ZOO
باغ وحش

tigre
ببر
entrée
ورودی
cage
قفس
zèbre
گوره خر
alimentation animale
غذای حیوانات
panda
پاندا

animaux

حیوانات

éléphant

فیل

kangourou

کانگورو

rhinocéros

غژ گاو

gorille

گوریلا

ours

خرس

chameau

شتر

autruche

شترمرغ

lion

شیر

singe

میمون

flamand rose

فلامینگو

perroquet

طوطی

ours polaire

خرس قطبی

pingouin

پنگوئن

requin

کوسه

paon

طاووس

serpent

مار

crocodile

تمسا

gardien de zoo

نگهبان باغ وحش

phoque

سگ آبی

jaguar

پلنگ خالدار امریکایی

poney

اسب کوچک

léopard

پلنگ

hippopotame

اسب آبی

girafe

زرافه

aigle

عقاب

sanglier

خوک وحشی

poisson

ماهی

tortue

سنگ پشت

morse

شیر دریایی

renard

روباه

gazelle

غزال

sports
ورزش ها

american Football
فوتبال امریکایی
cyclisme
بایسکل سواری
tennis
تنیس
basket-ball
باسکتبال
natation
آب بازی
boxe
بوکس
hockey sur glace
هاکی روی یخ

football

فوتبال

badminton

بدمینتون

athlétisme

ورزشکاری

handball

هندبال

ski

اسکی

polo

پولو

rire
خندیدن
sauter
خیز زدن
embrasser
بغل کردن
marcher
راه رفتن
chanter
خواندن
rêver
خواب دیدن
prier
دعا کردن
faire la bise
بوسیدن

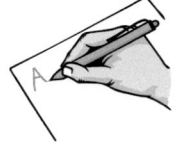

écrire

نوشتن

dessiner

کشیدن

montrer

نشان دادن

pousser

تیله کردن

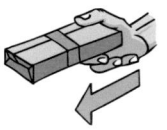

donner

دادن

prendre

گرفتن

avoir

داشتن

faire

انجام دادن

être

بودن

être debout

ایستادن

courir

دویدن

trier

کش کردن

jeter

پرتاب کردن

tomber

افتادن

être couché

دروغ گفتن

attendre

صبر کردن

porter

حمل کردن

être assis

نشستن

s'habiller

لباس پوشیدن

dormir

خوابیدن

se réveiller

بیدار شدن

regarder

نگاه کردن

pleurer

گریه کردن

caresser

ضربه زدن

peigner

شانه کردن

parler

صحبت کردن

comprendre

فهمیدن

demander

پرسیدن

écouter

گوش دادن

boire

نوشیدن

manger

خوردن

ranger

مرتب کردن

aimer

عشق ورزیدن

cuire

پختن

conduire

راننده گی کردن

voler

پرواز کردن

faire de la voile

روی آب حرکت کردن

calculer

حساب کردن

lire

خواندن

apprendre

یاد گرفتن

travailler

کار کردن

se marier

ازدواج کردن

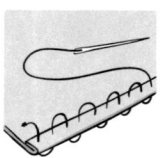

coudre

دوختن

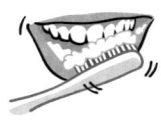

brosser les dents

برس کردن دندان ها

tuer

کشتن

fumer

سگریت کشیدن

envoyer

فرستادن

famille

grand-mère
مادرکلان
grand-père
پدرکلان
père
پدر
mère
مادر
bébé
نوزاد
fille
دختر
fils
پسر

hôte

مهمان

tante

عمه / خاله

oncle

ماما/کاکا

frère

برادر

sœur

خواهر

corps

بدن

front
پیشانی
œil
چشم
visage
روی
menton
زنخ
doigt
انگشت
main
دست
poitrine
سینه
bras
بازو
épaule
شانه
jambe
پا

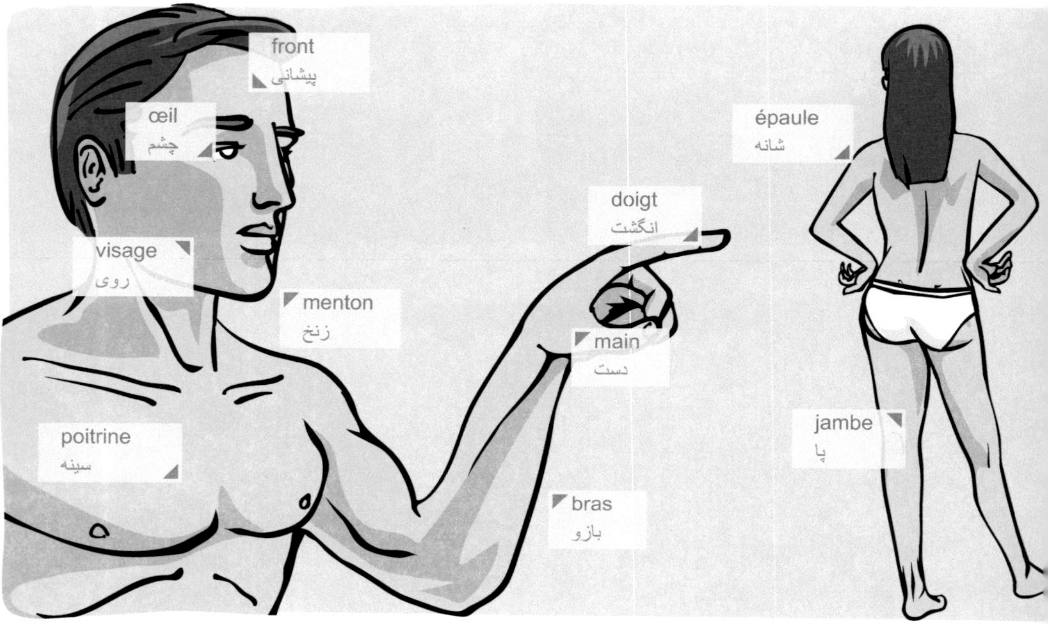

bébé

نوزاد

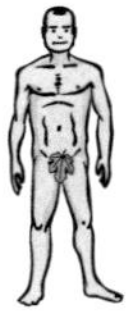

homme

مرد

femme

زن

fille

دختر

garçon

پسر

tête

سر

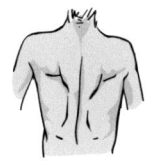

dos

کمر

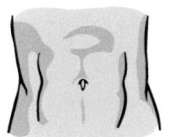

ventre

شکم

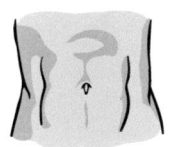

nombril

ناف

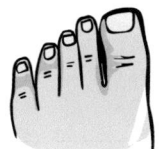

orteil

انگشت پا

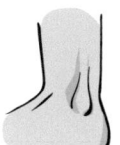

talon

کوری پای

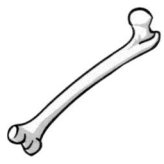

os

استخوان

hanche

کمر

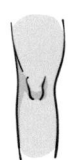

genou

زانو

coude

آرنج

nez

بینی

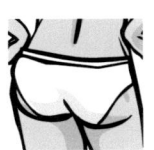

fesses

سرین

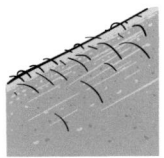

peau

پوست

joue

کومه

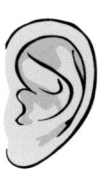

oreille

گوش

lèvre

لب

bouche

دهان

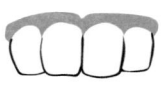

dent

دندان

langue

زبان

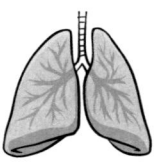

cerveau

مغز

cœur

قلب

muscle

عضله

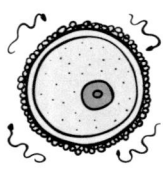

poumons

شش

foie

جگر

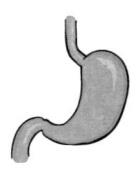

estomac

معده

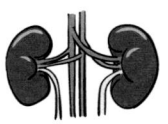

reins

گرده

rapport sexuel

رابطه جنسی

préservatif

کاندوم

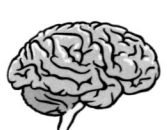

ovule

تخمه

sperme

آب منی

grossesse

حاملگی

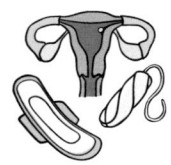

menstruation

قاعده گی

vagin

مجرای تناسلی زن

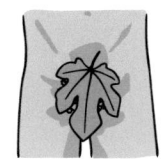

pénis

آلت تناسلی مرد

sourcil

ابرو

cheveux

مو

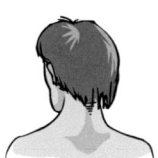

cou

گردن

hôpital
شفاخانه

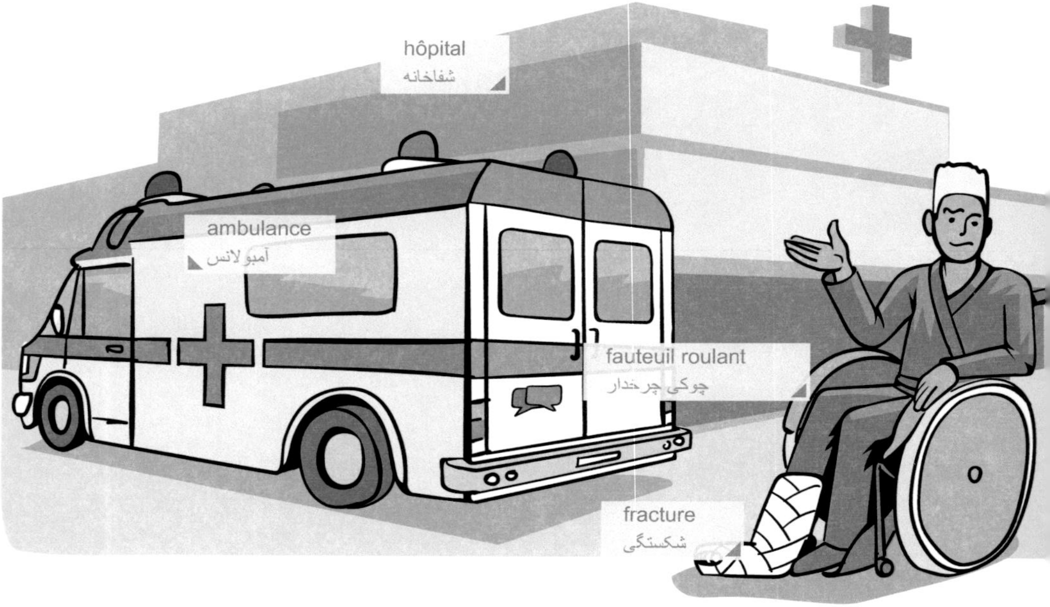

hôpital
شفاخانه
ambulance
آمبولانس
fauteuil roulant
چوکی چرخدار
fracture
شکستگی

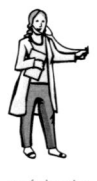

médecin

داکتر

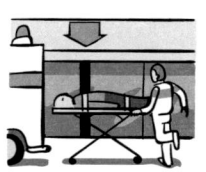

service des urgences

اطاق عاجل

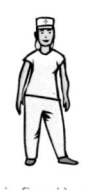

infirmière

نرس

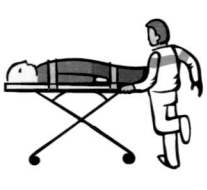

urgence

عاجل

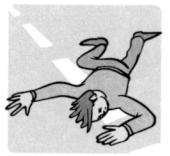

inconscient

بیهوش

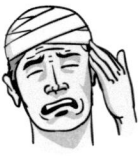

douleur

درد

blessure

جراحت

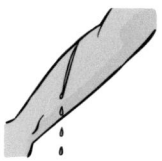

hémorragie

خونریزی

crise cardiaque

حمله قلبی

attaque cérébrale

سکته مغزی

allergie

حساسیت

toux

سرفه

fièvre

تب

grippe

انفلوانزا

diarrhée

اسهال

mal de tête

سردرد

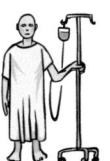

cancer

سرطان

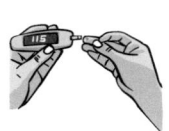

diabète

شکر

chirurgien

جراح

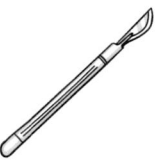

scalpel

چاقوی جراحی

opération

عملیات

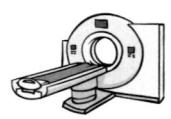

CT

سی تی

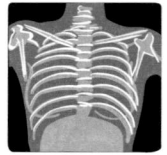

radiographie

ایکسری

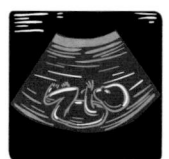

échographie

سونوگرافی

masque

ماسک روی

maladie

مریضی

salle d'attente

اطاق انتظار

béquille

عصا

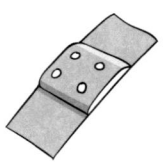

pansement

گچ

pansement

پانسمان

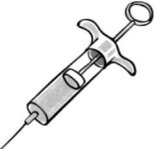

injection

تزریق

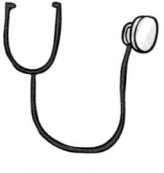

stéthoscope

استاتسکوپ

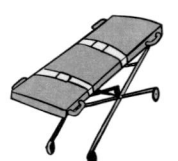

brancard

تذکره

thermomètre

ترمامیتر کلینیکی

accouchement

تولد

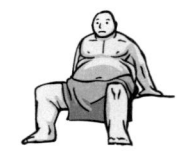

surcharge pondérale

اضافه وزن

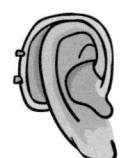

appareil auditif

سمعک

désinfectant

ضدعفونی کننده

infection

عفونت

virus

وایروس

VIH / sida

اچ آی وی / ایدز

médicament

ادویه

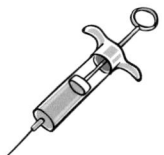

vaccination

واکسیناسیون

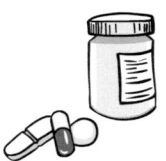

comprimés

تابلیت ها

pilule

تابلیت

appel d'urgence

تماس اضطراری

tensiomètre

مانیتور فشار خون

malade / sain

بیمار / سالم

urgence
عاجل

Au secours !

کمک!

alarme

زنگ هشدار

assaut

تجاوز

attaque

حمله

danger

خطر

sortie de secours

خروج اضطراری

Au feu!

آتش!

extincteur

آله ضد حریق

accident

حادثه

trousse de premier secours

بکسه کمک های اولیه

SOS

پیام اضطراری

police

پولیس

terre
زمین

Europe

اروپا

Amérique du Nord

امریکای شمالی

Amérique du Sud

امریکای جنوبی

Afrique

آفریقا

Asie

آسیا

Australie

استرالیا

Océan atlantique

اقیانوس اطلس

Océan pacifique

اقیانوس آرام

Océan indien

اقیانوس هند

Océan antarctique

اقیانوس منجمد جنوبی

Océan arctique

اقیانوس منجمد شمالی

pôle nord

قطب شمال

pôle sud

قطب جنوب

Antarctique

قاره قطب جنوب

terre

زمین

pays

خشکی

mer

دریا

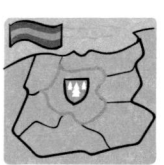

île

جزیره

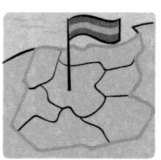

nation

ملت

état

كشور

...heure(s)
ساعت

cadran
روی ساعت

aiguille des heures
عقربه ساعت شمار

aiguille des minutes
عقربه دقیقه شمار

aiguille des secondes
عقربه ثانیه شمار

Quelle heure est-il ?
ساعت چند است؟

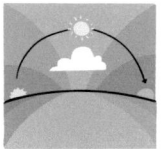

jour
روز

temps
زمان

maintenant
اکنون

montre digitale
ساعت دستی دیجیتل

minute
دقیقه

heure
ساعت

semaine

هفته

lundi
دوشنبه
mardi
سه شنبه
mercredi
چهارشنبه
jeudi
پنجشنبه
vendredi
جمعه
samedi
شنبه
SA
dimanche
یکشنبه

hier

دیروز

aujourd'hui

امروز

demain

فردا

matin

صبح

midi

ظهر

soir

غروب

jours ouvrables

روزهای کاری

week-end

آخر هفته

année
سال

pluie
باران
arc-en-ciel
رنگین کمان
vent
شمال
neige
برف
printemps
بهار
été
تابستان
automne
خزان
hiver
زمستان

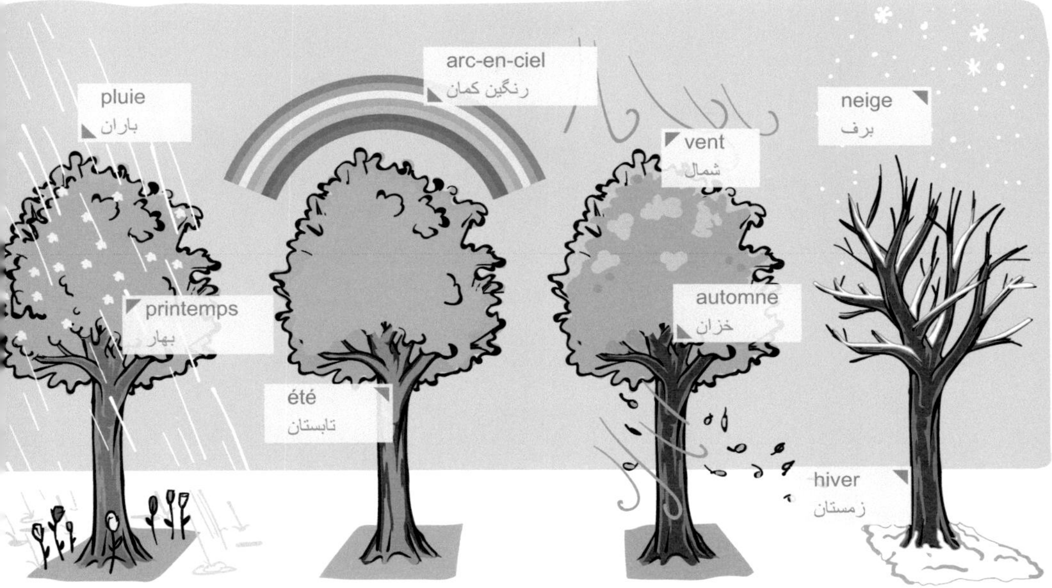

météo

پیش بینی آب و هوا

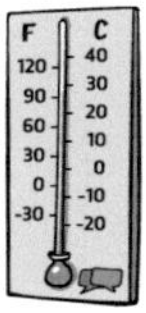

thermomètre

ترمامیتر

lumière du soleil

آفتاب

nuage

ابر

brouillard

غبار

humidité

رطوبت

foudre

رعد و برق

tonnerre

الماسک

tempête

طوفان

grêle

ژاله

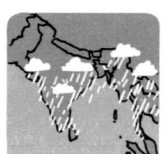

mousson

موسم بارندگی

inondation

سیل

glace

یخ

janvier

جنوری

février

فبروری

mars

مارچ

avril

اپریل

mai

می

juin

جون

juillet

جولای

août

اگست

septembre

سپتمبر

octobre

اکتوبر

novembre

نومبر

décembre

دسمبر

formes

شکل ها

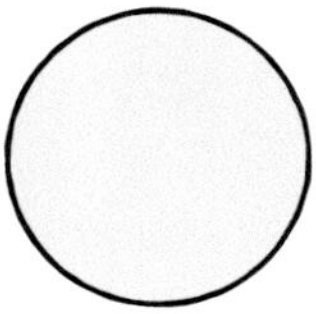

cercle

دايره

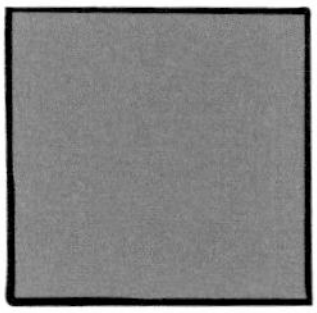

carré

مربع

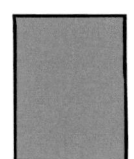

rectangle

مستطيل

triangle

مثلث

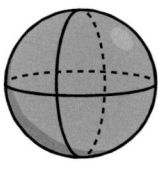

sphère

کره

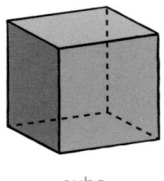

cube

مکعب

couleurs

رنگ ها

blanc

سفید

jaune

زرد

orange

نارنجی

rose

گلابی

rouge

سرخ

violet

بنفش

bleu

آبی

vert

سبز

marron

نصواری/قهوه یی

gris

خاکستری

noir

سیاه

oppositions

متضاد ها

beaucoup / peu
زیاد / کم

fâché / calme
عصبانی / آرام

joli / laid
مقبول / بدرنگ

début / fin
آغاز / پایان

grand / petit
بزرگ / کوچک

clair / obscure
روشن / تیره

frère / soeur
برادر / خواهر

propre / sale
پاک / کثیف

complet / incomplet
کامل / ناقص

jour / nuit
روز / شب

mort / vivant
مرده / زنده

large / étroit
عریض / باریک

comestible / incomestible

خوراکی / غیر خوراکی

méchant / gentil

عصبانی / دوستانه

excité / ennuyé

هیجان زده / کسل

gros / mince

چاق / لاغر

premier / dernier

اول / آخر

ami / ennemi

دوست / دشمن

plein / vide

پر / خالی

dur / souple

سخت / نرم

lourd / léger

سنگین / سبک

faim / soif

گرسنگی / تشنگی

malade / sain

بیمار / سالم

illégal / légal

غیر قانونی / قانونی

intelligent / stupide

باهوش / احمق

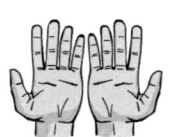

gauche / droite

چپ / راست

proche / loin

نزدیک / دور

nouveau / usé

نو / کهنه

rien / quelque chose

هیچ چیز / چیزی

vieux / jeune

پیر / جوان

marche / arrêt

روشن / خاموش

ouvert / fermé

باز / بسته

faible / fort

بی صدا / پر سر و صدا

riche / pauvre

ثروتمند / فقیر

correct / incorrect

صحیح / غلط

rugueux / lisse

ناهموار/ هموار

triste / heureux

غمگین / خوشحال

court / long

کوتاه / بلند

lent / rapide

آهسته / سریع

mouillé / sec

تر / خشک

chaud / froid

گرم / سرد

guerre / paix

جنگ / صلح

nombres
اعداد

0
zéro
صفر

1
un / une
یک

2
deux
دو

3
trois
سه

4
quatre
چهار

5
cinq
پنج

6
six
شش

7
sept
هفت

8
huit
هشت

9
neuf
نه

10
dix
ده

11
onze
یازده

12
douze

دوازده

13
treize

سیزده

14
quatorze

چهارده

15
quinze

پانزده

16
seize

شانزده

17
dix-sept

هفده

18
dix-huit

هجده

19
dix-neuf

نوزده

20
vingt

بیست

100
cent

صد

1.000
mille

هزار

1.000.000
million

میلیون

langues
زبان ها

anglais

انگلیسی

anglais américain

انگلیسی امریکایی

chinois mandarin

چینی ماندارین

hindi

هندی

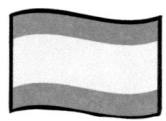

espagnol

اسپانیایی

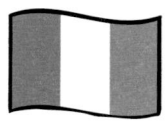

français

فرانسوی

arabe

عربی

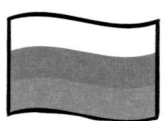

russe

روسی

portugais

پرتغالی

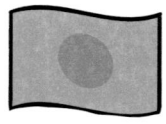

bengali

بنگالی

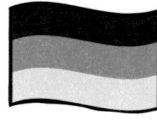

allemand

آلمانی

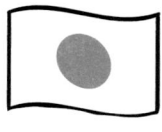

japonais

جاپانی

qui / quoi / comment

کی/چی/چطور

je

من

tu

شما

il / elle / ce, c', cela

او / او / آن

nous

ما

vous

شما

ils / elles

آن ها

Qui ?

کی؟

Quoi ?

چی؟

Comment ?

چطور؟

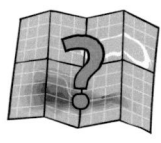

Où ?

کجا؟

Quand ?

چه وقت؟

nom

اسم

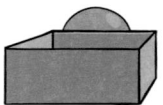

où

کجا

derrière

عقب

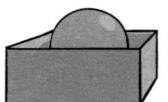

dans

در

devant

پیش روی

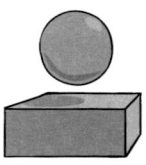

au-dessus

بالا

sur

روی

en-dessous

زیر

à côté de

پهلو

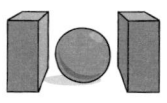

entre

میان

lieu

محل